AF498024

OSSENDOWSKI

Le menteur sans honneur

Par le Docteur George MONTANDON

Extrait de Clarté
Numéro 69 — Décembre 1924

PARIS

—

1924

OSSENDOWSKI
Le Menteur sans Honneur

par

Le Docteur Georges MONTANDON

Dans notre numéro du 1-15 septembre dernier, on se souvient d'avoir lu une critique du livre de M. Ossendowski (Bêtes, Hommes et Dieux, Plon-Nourrit, édit.), par le docteur George Montandon. Cette critique, la première en date, fut suivie de plusieurs autres, notamment de polémiques engagées par le professeur Wendling et le docteur Sven Hedin.

Le traducteur français de M. Ossendowski, M. Robert Renard, nous adressa, par les soins de la maison Plon-Nourrit, le 7 octobre, une réponse que nous publions ci-après et que nous avions, comme d'usage, communiquée à notre collaborateur visé, avant de la publier. Les polémiques parues dans la presse suisse et allemande au sujet de M. Ossendowski n'étaient alors qu'amorcées et il nous parut plus équitable de différer la suite du débat jusqu'au présent numéro.

Sur ces entrefaites parut dans les Nouvelles Littéraires du 15 novembre dernier, un article de M. Lewis Stanton Palen, traducteur et collaborateur de l'édition anglaise de M. Ossendowski, en réplique aux contradicteurs de celui-ci. Dans un « chapeau », la rédaction des Nouvelles Littéraires faisait allusion à la critique (initiale) du docteur Montandon (dans Clarté) comme émanant d'un « suiveur » de Sven Hedin. Notre collaborateur, avisé par nos soins et invité télégraphiquement par les Nouvelles Littéraires à une confrontation avec M. Ossendowski, est venu à Paris, décidé à donner à cette confrontation un caractère public. En même temps, il nous remettait la réponse à la lettre Renard et à l'article Palen qu'on lira ci-après. Composée sur-le-champ, cette réponse paraît aujourd'hui, après la dite confronta-

tion, qui eut lieu aux Nouvelles Littéraires *le 22 novembre dernier, et à l'issue de laquelle a été rédigé le procès-verbal suivant :*

« Après avoir entendu les explications réciproques de M. Ossendowski et de M. Montandon et les observations fournies par MM. Pierre Benoit, Georges Duhamel, M. Bonvalot, Jean Bernier, Michel Merlay et Henri Massis :

« Il est établi que le conditionnement de l'œuvre de M. Ossendowski, comme il l'a lui-même déclaré aux sociétés géographiques de Paris, de Londres, ainsi qu'à d'autres sociétés, n'est pas d'ordre scientifique, mais qu'il s'agit d'une œuvre composée d'éléments relatifs à des impressions personnellement vécues ou à des récits recueillis par lui-même.

« Contrairement aux déductions tirées par M. Montandon de la chronologie du livre, M. Ossendowski maintient qu'il est allé au Thibet (partie nord), ce que M. Montandon continue à contester.

Signé : G. Bonvalot, Dr. George Montandon, Dr. F. Ossendowski.

Il nous paraît indispensable d'accompagner ce communiqué du commentaire suivant :

I. — Ce n'est qu'à la suite des critiques du docteur Montandon, de Wendling et de Sven Hedin que, bien tardivement, M. Ossendowski songea à préciser que son ouvrage était un roman ET NON PAS un ré*cit scientifique (Journal Littéraire du 22 novembre). Auparavant, tout le « lancement » dudit ouvrage, tant par les soins de M. Stanton Palen que de la maison Plon-Nourrit, avait ménagé cette grave équivoque, et créé dans le public un véritable malentendu. Nous ne citerons, comme exemple à l'appui, que cette phrase de M. Paul Colin, dans un compte rendu paru le 15 octobre dans la revue* Europe *: « Document historique et géographique de premier ordre... » Une telle interprétation était d'ailleurs favorisée par les auteurs du « lancement ». La bande de l'édition française chez Plon-Nourrit portait : « Odyssée véridique, plus attachante mille fois que les voyages de Marco Polo. » M. Stanton Palen écrivait dans les* Nouvelles Littéraires *du 15 novembre : « ...Il ressort de ces quelques témoignages que* les aventures extraordinaires par lesquelles a passé Ossendowski sont bien réelles. » Enfin ce dernier, devant une objection ainsi formulée : « Il est difficile de croire qu'un seul homme ait pu voir et accomplir tant de choses. N'avez-vous pas un peu ajouté ? » répondait de la sorte : « Sur mon honneur, tout ce que j'ai écrit est vrai et je n'ai pas tout dit ! » (d'après la lettre du 7 octobre de M. Robert Renard). Or le même homme écrivait le 22 novembre dans le Journal Littéraire : « Mon livre est un roman, que je ne me serais jamais permis dé présenter à une société scientifique... Je pouvais aussi bien écrire ce livre sans avoir jamais visité auparavant ni la Mongolie, ni le Thibet... »

Nous ne nous sommes donc pas étonnés de rencontrer, lors de la confrontation, comme l'un des plus ardents avocats de M. Ossendowski, M. Pierre Benoit !

Mais résumons le premier point : 1° les « lanceurs » du livre en France et à l'étranger favorisent l'équivoque en vue d'obtenir le succès considérable promis à toute « révélation sensationnelle » ; et cela sans que l'auteur proteste ; 2° devant des critiques objectives, changement de front complet : le livre est brusquement classé parmi les romans, afin de débouter a priori toute critique objective du récit.

II. — Au cours de la confrontation, M. Bonvalot essaya d'abord de rejeter la critique topographique du docteur Montandon, en affirmant à l'avance la possibilité d'erreurs commises par M. Ossendowski, du fait de manque de cartes, de difficultés du voyage, d'absence de notes, de circonstances dramatiques, etc. Le docteur Montandon exposa alors la critique chronologique établie par Wendling, et M. Ossendowski dut reconnaître que des erreurs indéfendables émaillaient la chronologie. Alors le docteur Montandon et les camarades présents de Clarté eurent à faire face à une apologie nouvelle, présentée du point de vue littéraire, principalement par MM. Pierre Benoit et Henri Massis. M. Pierre Benoit (dont chacun sait la compétence en la matière !) rappela que Chateaubriand avait composé des itinéraires faux (comme si la fausseté aujourd'hui démontrée de ces itinéraires n'entachait pas tout le témoignage *consigné dans cette partie de son œuvre). M. Henri Massis, négligeant le malentendu confortablement créé lors du lancement du livre, défendit le droit pour un auteur de roman d'écrire de fausses chronologies d'après des événements vécus, et notamment des faits de guerre (comme si le premier souci d'un ancien combattant n'était pas d'empêcher toute confusion entre la fiction et la chose vécue, confusion qui, en l'espèce, a été soigneusement ménagée). Enfin M. Massis essaya de démontrer que les erreurs de M. Ossendowski, par leur énormité même, prouvaient sa bonne foi, alors qu'elles prouvent seulement, tout au moins une étonnante légèreté — légèreté admise à la fin du débat par les apologistes mêmes de M. Ossendowski.*

En résumé, la réfutation géographique du livre une fois acquise, les défenseurs de M. Ossendowski tentent à présent de sauver la valeur historique de l'ouvrage en argumentant sur le terrain si indécis des procédés de composition littéraire. Or, pour nous, le soupçon vérifié quant aux erreurs géographiques, ne peut que s'appliquer à l'ensemble de l'œuvre. Un témoignage partiellement faux ne peut être reçu pour partiellement valable après que l'auteur a laissé croire à sa totale véracité. Tout est là. Aucune réserve honnête, dénotant une probité de témoin, n'a été émise par l'auteur ni par ses « managers » avant que la critique n'ait forcé une partie de leurs retranchements. Le soupçon doit donc entacher à présent les subtiles distinctions littéraires sur lesquelles ils se rejettent.

Ce soupçon, nous, rédacteurs de Clarté, le maintenons dans toute sa force en tenant à publier la réfutation technique du docteur Montandon. Car sur des questions de fausses dates, de faux itinéraires, de faux communiqués, jamais un ancien combattant ne restera indifférent. Nous aimons à ce qu'on prenne ses responsabilités. Votre topographie, votre chronologie se sont écroulées : il est trop tard aujoud'hui pour argumenter sur le reste. Le malentendu partiel s'était établi au vu, au su de tous, et à votre profit, messieurs. Aujourd'hui, vous ne pouvez que subir le discrédit total.

CLARTÉ.

— 6 —

Monsieur le Directeur de *Clarté*,

On me communique aujourd'hui l'article du docteur George Montandon, dans *Clarté*, intitulé « Imposteur ou Halluciné ? », dans lequel votre collaborateur, tout en reconnaissant l'intérêt « captivant » du récit « Bêtes, Hommes et Dieux » et la faculté qu'a l'auteur « de rendre poignants les épisodes de sa narration » cherche à en contester l'authenticité en discutant certains chiffres. M. Ossendowski se trouvant en ce moment en Afrique du Nord et ne pouvant pas répondre lui-même, je vous serais très reconnaissant de bien vouloir insérer la rectification suivante que M. Ossendowski complètera sans doute par la suite.

Tout d'abord je suis étonné que le docteur Montandon ait tant insisté sur deux erreurs de conversions de chiffres qui m'ont échappé dans la traduction. Comme il avait pris la précaution de comparer avec l'édition américaine originale, la correction était facile à faire et elle sera faite dans les éditions prochaines. Il convient donc de lire page 8 de l'édition française quatre ou cinq-cents au lieu de cinq ou six-cents, et page 140, 180 au lieu de 240 kil. Mea maxima culpa !

Je reprends point par point les critiques faites :

1) Page 4 (3). 8 kilomètres à l'heure avec un cheval, est-ce impossible ?

2) Page 10 (8). Ivan se vante de pouvoir faire de quatre à cinq-cents verstes en une semaine, même peut-être moins. Cela ferait une vitesse moyenne de 68 kilomètres et demi par jour en comptant 450 verstes (480 kilomètres) en sept jours. Un cheval n'en est-il pas capable ?

D'autre part, si Ivan *promet* de faire cette distance, est-ce à dire que ses calculs soient justes ? Je reviens de Bretagne, où j'ai pu constater que les « gens du pays » ont une appréciation des distances qui diffère notablement de la réalité mathématique.

3) Page 87 (72). Quant à la blessure au crâne d'Ossendowski, le docteur Montandon s'étonne qu'il n'en souffre pas autant sur le moment que plus tard. Il s'évanouit cependant. C'est par la suite qu'il se ressent du choc. Beaucoup de blessés de la dernière guerre pourront dire que sur le moment leur blessure les a laissés presque insensibles et que ce n'est que plus tard qu'ils en ont vraiment souffert.

4) Troisième partie. Le récit de la chevauchée de Tzeren d'Ouliassoutaï à Pékin est présenté comme une performance tout à fait exceptionnelle, que votre collaborateur considère d'ailleurs comme acceptable. Alors pourquoi discuter sur les chiffres de la distance entre les deux villes, puisque vous acceptez la possibilité de cet exploit extraordinaire ?

5) M. Ossendowski étant lui-même d'une force physique tout à fait remarquable, le chiffre de 160 kilomètres par jour (voir la correction indiquée plus haut pour la page 140) pendant trois jours est d'autant plus acceptable que, contrairement à ce qu'affirme le docteur Montandon, les deux voyageurs ont des chevaux de rechange (voir page 172 (140) : « munis d'un *tzara* qui nous assurait *les meilleurs chevaux de poste et les meilleurs guides...* » Ce tzara est un document spécial pour obtenir en cas d'urgence les meilleures bêtes aux relais de poste.

6) Quant au dilemme dont M. Ossendowski « ne pourra sortir : ou bien il ne sait pas apprécier une distance qu'il parcourt ou bien il ne sait pas interpréter une carte », croit-on que le voyageur, dans les conditions où il se trouvait, à cette époque troublée, dans un pays où les bornes kilométriques et les routes mêmes font défaut, où il est nécessaire de se fier aux gens du pays, peut mesurer la route au décamètre et

noter à un kilomètre près les distances traversées ?
M. Ossendowski, il faut se le rappeler, était en fuite.
Il est probable qu'il n'avait même pas de carte détail-
lée de la région. Et quant à l'affirmation du docteur
Montandon, que 180 kilomètres à vol d'oiseau valent
200 kilomètres de route, elle vaut peut-être en pays
plat, mais en pays accidenté, la différence est bien
plus grande.

7) L' « erreur historique » signalée à la page 269
(220) « la marche sanglante du baron à travers la
Transbaïkalie » a été « relatée en effet », comme le
dit le docteur Montandon, dans les journaux de Chine
et du Japon. « *Les journaux, rendant compte* de la
marche sanglante, etc... »

Pour conclure, les critiques du docteur Montandon
se ramènent à deux fautes d'inattention du traducteur
et à de petites querelles sur des appréciations de
distances.

8) Le livre a été composé en 53 jours à Washington,
par M. Ossendowski, en collaboration avec Mr. Lewis
Palen. S'il y a certains passages sacrifiés, comme la
traversée du désert de Gobi, qu'on en accuse la hâte
avec laquelle le récit a été rédigé, l'auteur en con-
viendra.

Halluciné ? M. Ossendowski, à propos de certains
phénomènes étranges dont il avait été témoin et sur
lesquels l'interrogeait M. Frédéric Lefèvre, répondit :

« Je dois dire que j'avais passé plusieurs mois
dans une atroce solitude, les nerfs à chaque instant
tendus dans une incessante lutte pour la vie. J'étais
mûr pour toutes les suggestions et même les auto-
suggestions. »

Les apparitions du chapitre XXVII, l'hallucina-
tion du chapitre XVIII sont présentées dans leur cadre
de mystère, et M. Ossendowski a certainement été
impressionné par cette atmosphère. Tout ce qui tou-

che au Bouddhisme, aux vieilles légendes, l'auteur cherche pourtant à l'expliquer scientifiquement, tout en en goûtant profondément le charme romantique.

Imposteur ? Permettez-moi de vous raconter un fait personnel. Quand M. Ossendowski vint me voir pour la première fois le 16 juillet dernier, ma femme lui posa cette question : « Vous avez passé par des aventures si extraordinaires, échappé à tant de dangers qu'il est difficile de croire qu'un seul homme ait pu voir et accomplir tant de choses. N'avez-vous pas un peu ajouté... ? »

Son visage prit un air grave, il se leva, et solennellement : « Sur mon honneur, Madame, tout ce que j'ai écrit est vrai et je n'ai pas tout dit ! »

Il y avait un tel accent de sincérité dans sa voix que je voudrais faire partager ma conviction à vos lecteurs. J'espère les avoir rassurés à ce sujet et je remercie le docteur George Montandon de m'en avoir fourni l'occasion.

Veuillez agréer, Monsieur le Directeur, l'expression de mes sentiments les plus distingués.

Robert RENARD.

Depuis ma réponse, je viens de lire *To Lhassa in disguise*, par un orientaliste anglais Wm. Montgomery Mc. Govern, qui a réussi à aller jusqu'à Lhassa incognito. J'ai noté particulièrement ceci, qui confirme les observations d'Ossendowski :

Page 170. Les courriers de Lhassa à Gyautsé font 100 milles — 160 kilomètres par jour — (système de relais de chevaux).

Page 190. L'auteur remarque que les Thibétains manquent singulièrement d'exactitude dans leur appréciation des distances.

Ce livre, appelé lui aussi à un succès, confirme par ailleurs d'autres observations d'Ossendowski.

R. R.

La réponse de M. Renard est particulièrement faible.

ad 1) Nous n'avons pas déclaré impossible l'allure de 8 kilomètres à l'heure avec un cheval. Nous l'avons mentionnée comme introduction à notre examen.

ad 2) Ivan ne « se vante » nullement de faire 400 à 500 verstes en une semaine. L'auteur accepte cette donnée sans observation, et le voyage à la rivière Mana se fait, en effet, en sept jours (p. 11). Nous avons montré que l'allure de 68 1/2 kilomètres par jour dans les conditions données, est sujette à caution, mais M. Renard, en cherchant à esquiver la grosse difficulté pour lui, tombe dans son propre piège.

Ossendowski a donc parcouru en sept jours la distance d'un point à une trentaine de kilomètres de Krasnoyarsk à la Mana. Or la Mana, dans la direction suivie par l'auteur, est elle-même à une trentaine de kilomètres de Krasnoyarsk. En fait, le voyageur aurait dû piétiner pendant sept jours sur place, ou parcourir, tout au plus, en tenant compte des imprécisions du récit, une distance qui, selon M. Renard lui-même, peut être couverte en une demi-journée.

Nous ne reprochons donc pas à Ossendowski de ne pas avoir « noté à un kilomètre près » les distances (ad 6). C'est à 500 kilomètres près, pour une trentaine de kilomètres, que ses données sont fausses.

ad 3) Le fait que la blessure du crâne fut légèrement ressentie nous a peu étonné, mais bien la circonstance que le voyageur, claquant des dents, fut pour cela désarçonné plusieurs fois.

ad 4) Nous n'avons nullement accepté la performance avec les chiffres donnés par Ossendowski, et il est parfaitement utile d'insister sur la distance réelle d'Ouliassoutaï à Pékin, qui est de 1.800 et non de 3.000 kilomètres, comme le dit Ossendowski, parce que cela illustre sa manière. En effet:

ad 5) La meilleure preuve qu'Ossendowski n'a pas franchi en trois jours la distance d'Ouliassoutaï à Narabanchi à l'allure de 160 à 185 kilomètres par jour, même avec des chevaux de rechange, c'est que ces villes sont éloignées, comme nous l'avons dit, de 180 kilomètres, ou même, selon deux nouvelles cartes à notre disposition, de 110 à 120 kilomètres, soit, avec les détours du chemin, de 150 à 180 kilomètres (et pas plus, M. Renard !).

En admettant que cette chevauchée ne soit pas inventée, elle a donc été faite à l'allure réelle de 50 à 60 kilomètres par jour et non à celle mensongère de 160 à 185.

Voilà pourquoi Ossendowski ne pourra pas sortir du dilemme posé. J'en appelle aux voyageurs et aux topographes de toutes nuances politiques : s'agit-il de *petites* erreurs ? — Il ne s'agit que d'imposture.

Remarquons que M. Renard passe comme chat sur braise sur l' « énorme » voyage au Thibet et le passage du Gobi (ad 8). Cet itinéraire, malheureusement pour Ossendowski, ne se laisse plus enlever, maintenant qu'il a été fixé en beau rouge sur une carte. Tout prouve qu'*Ossendowski n'est jamais allé au Thibet.*

Si pour nous, personnellement, c'est avant tout le récit relatif à la Mana qui a éveillé notre attention — du fait qu'en Sibérie nous avions eu à étudier un voyage éventuel de ces côtés — Sven Hedin à Stockholm et le professeur Wendling, à Ludwigsburg en Wurtemberg, ont été incités à soupçonner l'imposture par le récit du raid au Thibet.

Tous trois, nous avons fait notre découverte indépendamment l'un de l'autre. Nos méthodes, complètement différentes, le prouvent. Celle de Sven Hedin se base sur les erreurs historiques et géographiques d'Ossendowski, celle de Wendling est philologique (elle est du plus haut intérêt et nous en publierons ailleurs les données). Enfin la nôtre, comme on l'a vu, s'établit sur l'examen des renseignements relatifs à la marche.

Sven Hedin a consacré à sa démonstration un chapitre de son livre « Von Peking nach Moskau », qui vient de paraître chez Brockhaus (Leipzig). Nous n'en avons eu connaissance qu'après les articles de Wendling. Ce dernier publia son premier article sensationnel sur le « charlatan Ossendowski », qui déchaîna la polémique en Allemagne, le 27 septembre, dans la *Süddeutsche Zeitung* (Stuttgart). Très correctement, il a depuis reconnu, dans le même journal du 24 octobre et dans l'*Asien-Zeitung* (Berlin) du 3 novembre, que nos articles, simultanément parus le 1-15 septembre dans *Clarté* et le 5 septembre à Vienne (*Neues Wiener Tagblatt*) avaient été antérieurs aux siens, sans qu'au reste il en eût eu connaissance. Sous une autre forme, nous répétions notre argumentation dans la *Neue Zürcher Zeitung* du 12 octobre. Le 13 octobre, Lewis Stanton Palen défendait Ossendowski dans la *Frankfurter Zeitung* et le 30 octobre le *Pester Lloyd* (Budapest) ridiculisait Stanton Palen sur la base de nos données. Sven Hedin vient enfin de publier de longues colonnes de polémique dans le *Berliner Tageblatt* (2 novembre) et dans les *Münchener Neueste Nachrichten* (5 novembre). En ce qui concerne notre indépendance vis-à-vis de Sven Hedin, elle ne peut être mieux prouvée que par ce que nous avons dit de fort désagréable à son égard à la fin de notre premier article. Nous croyons du reste maintenant savoir qu'il s'agissait d'un « bruit de guerre » (c'est-à-dire de l'exagération, dans la passion du moment, des résultats d'une discussion scientifique) et nous nous expliquerons ailleurs plus en détail à ce sujet.

Tandis que nous écrivons ces lignes, nous recevons du professeur Wendling une nouvelle démonstration des mensonges d'Ossendowski. Elle est inédite et il nous autorise à la publier. Elle est tout entière échafaudée sur la *chronologie* donnée dans son livre par le menteur. La voici :

I. *Thibet*

Le livre entier ne contient qu'un point fixe, la date du séjour à Ourga. Dans la nuit du 19 au 20 mai, le baron Ungern-Sternberg entend la prophétie qui le condamne à mourir dans les 130 jours. Cette donnée correspond avec le fait qu'Ungern fut exécuté à la fin de septembre (à Novo-Nikolayevsk, selon nos propres renseignements); selon le calcul du menteur, la date exacte devrait être le 22-23 septembre. Comme le menteur a passé 9 jours à Ourga et qu'il en est reparti le 20 mai, il doit y être arrivé le 11.

Une allusion à ce séjour à Ourga est faite bien auparavant dans le récit, à savoir lorsqu'un groupe d'officiers russes qui se sont joints au menteur se séparent de lui. Ce groupe fut plus tard anéanti par les Rouges: « Seuls, deux officiers échappèrent. Ils me racontèrent ces tristes nouvelles et les détails des combats quand nous nous rencontrâmes, quatre mois plus tard, à Ourga. » (p. 51). Il résulte de cela qu'en ce moment nous nous trouvons en janvier; le fait que le Yénisséi charrie des blocs de glace (p. 45) s'accorde avec cette donnée.

Construisons notre chronologie à partir de ce moment-là. Au bout de 2 jours commence la montée de la vallée de Buret Hei à un col (p. 52). Le soir, le menteur atteint un plateau (53). Le jour suivant, il est conduit chez le prince de Soldjak et soigne les yeux malades de la princesse. Très aimablement reçu, il reste là 10 jours (57). Tout compris, ce chapitre XII s'étend ainsi sur un espace de 14 jours.

Le menteur se remet en route et atteint le premier soir le lac Teri-Nor (59); il passe la seconde nuit dans les forêts des monts Tannou-Ola (59). Le jour suivant, sa troupe est assaillie par des Rouges, mais peut continuer son voyage et redescendre l'autre versant. Le chapitre XIII porte ainsi sur 3 jours.

Au bout de 2 jours, le menteur arrive au lac Kosogol et franchit la rivière gelée Egingol. Après une nouvelle journée (67), il couche dans une *yourta* (tente mongole). Après encore 2 jours, il arrive à la rivière Ouri (68). Cela fait environ 5 jours.

Ici prend place le grand tournant dans l'histoire: les fugitifs, au lieu de continuer vers l'Est, se dirigent au Sud, dans la direction du Thibet et des Indes. Depuis le moment cité plus haut, où le menteur s'est séparé de ses compagnons en janvier, il s'est passé $14 + 3 + 5 = 22$ jours. Si certaines journées ont été omises, ce chiffre devrait être augmenté, au détriment du menteur, comme on le verra. Au chapitre XV, on indique pour la « marche des fantômes » jusqu'à la frontière du Thibet (admettons même, à l'avantage du menteur, jusqu'au point où il fit demi-tour dans le Thibet) le chiffre de 48 jours.

Il n'y a pas de données sur le chemin du retour jusqu'à Ouliassoutaï. On est obligé de se livrer à des déductions. Si on admet, selon la carte, que le trajet, à l'aller, de la rivière Ouri jusqu'à la hauteur d'Ouliassoutaï est le quart de la marche au Thibet, on a 12 jours pour ce trajet; reste 36 jours pour le chemin parcouru de la hauteur d'Ouliassoutaï au Thibet. Il faut donc ajouter 36 jours de retour aux 48 jours d'aller. A ces chiffres, il faut ajouter deux semaines de séjour (79) au cloître de Narabanchi. Cela fait pour le retour 50 jours au moins, car le motif d'une marche rapide en fuite, comme à l'aller, n'existait plus; au contraire, la troupe se rapprochait de nouveau de la zone dangereuse des Bolcheviks; le repos prolongé, au cloître, prouve qu'on n'avait pas grande hâte.

Ainsi, à partir de janvier, Ouliassoutaï a été atteint en $22 + 48 + 50$ jours au plus tôt, c'est-à-dire en quatre mois environ, c'est-à-dire en mai. Mais deux faits

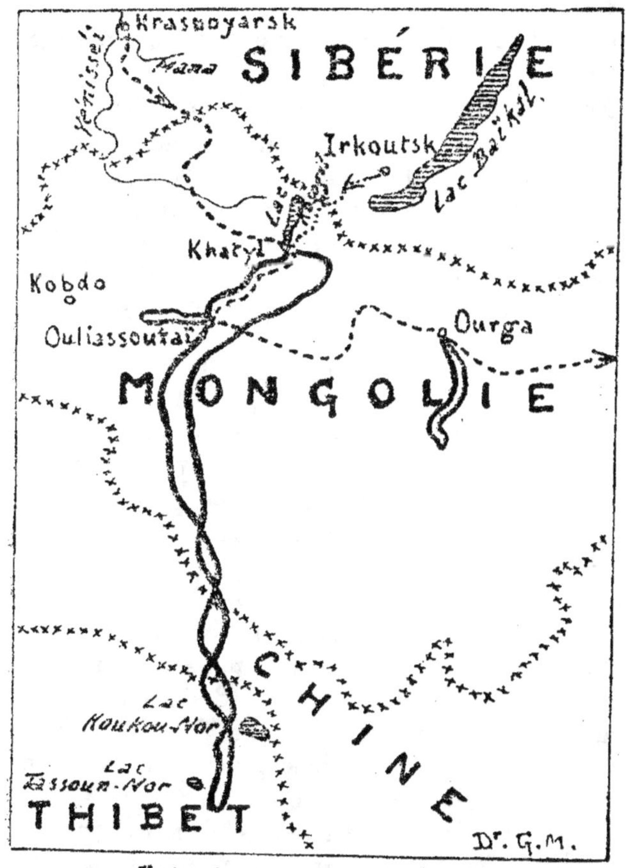

sont en contradiction avec cette donnée : 1) le fait que
le menteur a dit s'être trouvé déjà au bout de 4 mois
à Ourga (51) ; le fait que par ailleurs l'arrivée à Ouliassoutaï (85) se serait produite à la fin du mois de
mars (89).

Il devient parfaitement clair que la chronologie
primitive :

Buret Hei : janvier — Ourga : mai 1921

a été coupée et troublée par une chronologie secondaire qui provient de la marche au Thibet. En d'autres termes, il est impossible de placer dans la chronologie générale du récit celle de la marche au Thibet. Cette marche, comme des preuves d'un autre
ordre l'ont démontré, a été inventée et glissée dans
le récit.

II. *Ouliassoutaï*

Un second point fixe dans le livre — non pas dans
le récit de voyage du menteur — c'est la prise d'Ourga
par Ungern-Sternberg, le 3 février 1921. Elle est mentionnée à la page 89 avec la remarque : « A la
fin de mars, cependant, ces événements étaient encore
ignorés à Ouliassoutaï. » Cette ville est éloignée
d'Ourga d'environ 800 kilomètres. Faudrait-il donc
admettre qu'une nouvelle aussi importante n'ait pas
pu franchir cet intervalle en 7 à 8 semaines ? Le
menteur donne, il est vrai, un motif à ce fait (89) :
« Les Chinois cachèrent soigneusement la vérité en
empêchant quiconque de passer à l'Ouest d'Ourga. »
Mais comment cela pouvait-il leur réussir, puisqu'Ungern occupait Ourga ? Ungern n'aurait-il pas pu faci-
lement faire sauter cet anneau chinois ? Un cavalier
mongol , au moins, ne pouvait-il se glisser d'une ville
à l'autre ?

Le cavalier arrive en effet, 46 pages plus loin (135) :
« Un jeune Mongol arriva au galop d'Ourga, le man-

teau déchiré, les cheveux défaits... Se dirigeant aussitôt vers le marché où les Mongols sont toujours assemblés, il s'écria sans descendre de cheval :

— Ourga est pris par nos soldats mongols et le Chiang-Chun baron Ungern ! Bogdo Houtouktou est devenu notre khan ! Mongols, tuez les Chinois... » Cela sonne comme un chant de victoire immédiate. Pas un mot ne peut faire croire que le cavalier a été arrêté en chemin. Et cependant, si la présentation historique des faits par le menteur était exacte, le cavalier aurait mis non pas une dizaine de jours, mais bien dix à onze semaines. En effet, le menteur est arrivé à Ouliassoutaï à la fin de mars ; après avoir pris pendant quelques jours « l'air du bureau » (x jours), il fait un voyage de reconnaissance dans la direction de Kobdo (4 jours) ; après un intermezzo de plusieurs (x) jours, il entreprend une seconde reconnaissance au lac Kosogol (14 jours) ; à son retour, les événements cheminent quelques (x) jours, puis le messager survient. Cela fait 18+3 x, c'est-à-dire que, en comptant chichement, le messager a dû arriver vers le 15 ou le 20 avril. Mais nous savons qu'Ourga a été prise le 3 février.

L'énigme se résout de façon très simple : les deux pointes vers Kobdo et au Kosogol sont emboîtées dans le récit, comme le raid au Thibet. Ainsi que le Houtouktou de Narabanchi fonctionne comme protecteur du voyageur-menteur dans le raid au Thibet, de même, le Touchegoun Lama joue un rôle identique dans la pointe vers Kobdo. Les charnières des pièces emboîtées se trouvent aux pages 89 et 131-132 ; les réminiscences selon la formule A (b...a) B, établie par Wendling pour la découverte d'une addition secondaire dans un texte (nous en publierons, avons-nous dit, la démonstration ailleurs), sont, ici aussi, reconnaissables.

En réalité, le menteur est probablement arrivé à Ouliassoutaï au commencement de février et a dû y apprendre la prise d'Ourga vers le 12 février. Le menteur a indiqué la fausse date de fin mars pour pouvoir faire admettre — à des lecteurs superficiels — le raid au Thibet.

Le séjour à Ouliassoutaï, d'après les données du livre, est en tout de 31 + 9 x jours, pour le voyage d'Ouliassoutaï à Ourga de 26 jours. Ainsi, *même si on ne tient compte que des 31 jours*, le menteur aurait dû arriver dans la fin de mai à Ourga alors qu'il indique, comme nous l'avons vu, le 11 mai. Si on fait entrer en ligne les 9 fois x jours, la date aurait dû être encore bien plus postérieure. Enfin, si l'on calcule l'arrivée à Ourga, non pas d'après la date de fin mars donnée comme celle de l'arrivée à Ouliassoutaï, mais en se basant sur les données relatives au raid au Thibet, c'est au plus tôt dans le mois de juillet que le menteur aurait pu arriver à Ourga et non pas le 11 mai.

III. *La première année de fuite*

Tandis qu'au cours de l'année 1921 (de janvier à mai), les aventures et pseudo-aventures font sauter par leur abondance le cadre chronologique, le contraire se présente pour l'année 1920. Le récit ne remplit ici que très pauvrement le cadre. Le fait que toute l'année 1920 est liquidée en une cinquantaine de pages, alors qu'un espace quadruple est consacré à 1921, fait déjà réfléchir. Le récit débute avec le commencement de l'année (3) ; l'entrée des différentes saisons est marquée par les indications suivantes :

P. 20, printemps (débâcle du Yénisséi, 22-24) ;

P. 28, été (cassis, cerises) ;

P. 34, automne (herbe déjà jaunie) ;

P. 44-45, hiver (neige, glaçons dans la rivière).

Le temps, jusqu'au commencement du printemps, est rempli de façon somme toute plausible : 2 mois + 13 jours. Par contre, du printemps à l'été, 16 + 2 x jours seulement sont indiqués, et de l'été à l'automne simplement 3 (!) jours, enfin de l'automne à l'hiver 14 à 15 jours. La brièveté du chemin parcouru de janvier à janvier est suspecte : elle comporte de Krasnoyarsk au Buret Hei (50) environ 600 kilomètres d'après la carte. Toute la « robinsonade » est suspecte; le fugitif avait tout intérêt à s'éloigner le plus vite possible de la zone rouge dangereuse. Il y a lieu ici de remarquer que Stanton Palen, le second menteur, raconte, dans une biographie d'Ossendowski, que ce dernier fut envoyé, pendant la guerre mondiale, pour une exploration en Mongolie, où il acquit ses premières connaissances des mœurs et de la langue du pays; le menteur en titre, Ossendowski, ne dit rien de cela, mais raconte seulement avoir reçu du gouvernement de Koltchak la mission d'explorer la province d'Ourianhaï et la Mongolie occidentale, et d'avoir, dans ce but, étudié livres et cartes. Cela fait supposer que le menteur a peut-être transformé son exploration réelle précédente en un récit de fuite et un stage de solitude à la Robinson.

Sur la base de ces données, on peut établir l'*hypothèse* que le menteur n'a quitté la Sibérie qu'en 1921, se rendant peut-être, non pas de Krasnoyarsk, mais de la région d'Irkoutsk à Khatyl et Ouliassoutaï (où il séjourna un certain temps), pour, de là, par Ourga, aboutir à Pékin.

IV. *Les missions d'Ourga à Lhassa*

Le lama-bibliothécaire à Ourga raconte au menteur, à propos du roi du monde qui est censé habiter le site légendaire d'Agharti (260) : « Le chiang-chun baron Ungern envoya le jeune prince Pounzig en ambassade auprès du Roi du monde, mais il revint avec une lettre du Dalai-Lama de Lhassa. Le baron le renvoya une seconde fois, il ne revint jamais. »

Agharti se trouve donc au delà de Lhassa, et il faut compter jusqu'à la constatation à Ourga de l'échec du second voyage, un temps pour le moins aussi long que pour l'exécution du premier. Renonçons à Agharti et contentons-nous du trajet Ourga-Lhassa, qui, à vol d'oiseau, à travers le Gobi, compte environ 2.500 km. Cela fait en tout 10.000 km. Selon Sven Hedin (« Von Peking nach Moskau », p. 62), les caravaniers chinois couvrent par jour 25 km, tandis que les Mongols, qui épargnent moins leurs chameaux, en couvrent environ 33. Le chiffre de 33 est donc un maximum et les deux doubles voyages ont réclamé un minimum de 300 jours. Or, le « règne » d'Ungern à Ourga a duré une centaine de jours. En conséquence, l'histoire est un nouveau mensonge. Si le mensonge devait être mis au compte du lama, le narrateur aurait dû s'en expliquer. Il devait le faire d'autant plus qu'il a rencontré lui-même le prince Pounzig au Thibet (79) : « qui allait en mission sainte, porteur d'un message du Bouddha vivant d'Ourga au Dalai-Lama à Lhassa ». Ainsi, le pauvre diable de prince aurait eu à faire, au cours d'une année, six fois la navette entre Ourga et Lhassa. On ne peut, en effet, pas faire coïncider cette dernière mission avec celles qui furent exécutées sur l'initiative d'Ungern, car le prince Pounzig, très aimable avec le menteur, lui aurait sans doute fait part de la prise d'Ourga par Ungern, tandis que le menteur n'a appris cette prise que plus tard, à Ouliassoutaï.

Telle est la nouvelle démonstration de Wendling. Nous ajouterons simplement que dans cette dernière histoire, comme dans les autres, *les deux menteurs*

*sans honneur sont Lewis Stanton Palen et Ferdinand
Ossendowski.*

La pitoyable défense de L. S. Palen dans *Les Nouvelles Littéraires* du 15 novembre (article analogue,
grosso modo, à celui qu'il fit paraître dans la *Frankfurter Zeitung*) et l'interview que le même jour Ossendowski fit paraître dans le *New-York Herald* (Paris)
en tentant de placer le débat sur le terrain politique,
la lettre d'Ossendowski dans le *Journal Littéraire* du
22 novembre, la controverse enfin que nous avons eue
avec lui le même jour dans les bureaux des *Nouvelles
Littéraires* et dont il est parlé plus haut, n'ont pu que
confirmer nos conclusions. Du fait que ses concessions,
tout importantes qu'elles soient, ne sont que partielles
et qu'il maintient encore ses itinéraires, nous accusons
toujours Ferdinand Ossendowski :

D'être un menteur et un imposteur.

**D'avoir, de connivence avec son manager, le
chasseur de dollars Lewis Stanton Palen, fabri-
qué un voyage à sensation dans un but de lucre.**

**D'avoir exagéré sciemment quantité de données
réelles et d'épisodes vécus.**

D'en avoir inventé en nombre égal.

**D'avoir forgé de toutes pièces plusieurs itiné-
raires qu'il n'a pas parcourus et en particulier**

de n'être jamais allé au Thibet

**Le livre d'Ossendowski rentre dans cette caté-
gorie de romans grossiers à quatre sous auxquels
les Allemands appliquent le terme intraduisible
de Schundliteratur — qui mérite la même consi-
dération que les productions pornographiques.**

Dr. George MONTANDON.